琉球風水志シウマが教える

身の回りをパワースポットに変える「魔法の数字」

琉球風水志
シウマ

講談社

はじめに

はじめまして。琉球風水志《りゅうきゅうふうすいし》のシウマです。私は沖縄独自の琉球風水と姓名判断や九星気学《きゅうせいきがく》などを基にした数意学《すういがく》を用いて、これまでに10万人以上の鑑定をしてきました。私が風水をはじめたのは、母の影響が大きいです。私は、少年の頃から熱心に野球をやっており、高校時代には甲子園への出場を経験したり、大学時代には、リーグ盗塁王のタイトルを獲ったこともあります。活躍ができたのは、私の積み重ねてきた練習の成果もありますが、私のこの活躍の陰には母のアドバイスもありました。母は、相手チームのピッチャーの生年月日や名前から性格や考え方を読み解いたのです。アドバイスを素直に聞いていると、驚くことに打撃成績はグングンアップ。その手腕が地元で話題になり、ライバルチームが分析のために母を頼るほどでした。こうした経験から私は、琉球風水に興味を持ちはじめたのです。

さて、風水に馴染みがないと、それが環境学に属する学問だと知らない人も多いことでしょう。風水とは読んで字のごとく風と水を操り、よい気を集めること。自然と共存して、幸せになる環境学なのです。それを知らない人からは、「若い頃にした経験がトラウマになっているのですが」という相談を受けることもあります。はっきりと言いますが、琉球風水において、大事なことは過去ではなく現在です。過去は誰にも変えられませんが、未来は現在の行動が積み重なった結果。風水は、「あなたが望む未来に少しでも近づくにはどのように行動すべきか」という指針を示し、その助けになる実学だとお考えください。

今回みなさんには、生活を前向きにする58のヒントをお伝えしたいと思います。それぞれに数字を絡めた内容になっているのが、私の運気アップ法の特徴です。姓名判断などからもわかるように、数字にはそれぞれ意味や性格があります。数字ひとつひとつの運気やエネルギーを借りれば、それが人生を左右するような力を持つことがあります。そして、生活にそれらの数字をうまく取り入れることができれば、身の回りをパワースポットに変えることができるというわけです。2020年は、生活様式がガラリと変わる1年になってしまいました。その環境の変化から、仕事がうまくいかず落ち込んだり、どこかに出かけたくてもそれがかなわず、ストレスが溜まったりという人が多くいるのではないでしょうか。パワースポットに出かけることができないこんなときには、身の回りをパワースポットに変えてしまいましょう。

もくじ

5 その他編……115

1

自宅編

総合運
健康運

01

よい1日にするために、目覚まし時計は○時01分にセットしよう

大半の方は、目覚まし時計をセットするとき、7時00分というようなキリのいい時間にアラームをセットしていると思います。しかしながら、0という数字は本来「無」を表す数字なので、1日の始まりを告げる数字としてはふさわしくありません。

気持ちのいいスタートダッシュを切るには**1**という数字のほうが、運勢が高まります。**01**、**11**、**21**、**31**というような**1**系の数字は、物事の始まりとの相性がよいのです。ふだん、7時30分にアラームをセットしている方は、7時**31**分にセットしましょう。スタート運をアップさせることができます。

ちなみに「○時」という部分については、「6時」にしていただいても「8時」にしていただいても構いません。ご自身の生活リズムに合わせてセットするようにしてください。

POINT!

二度寝してしまいそうなときは、01分の30分前、15分前などに目覚ましのセットを。最終的に01分に体を起こす習慣ができると朝に強くなれます。

目覚めたら、深呼吸を8回すると健康運アップ

8

朝の支度をしなくてはいけないのに、体が重くてなかなか起き上がることができない。そんな悩みを抱えている方には、起きたらまず8回深呼吸することをおすすめします。8は「地道さ」「粘り強さ」「安定感」「堅実さ」という性格を持っており、守りに強い数字です。8回深呼吸をすることで、心と体のバランスが整っていくのです。

さらに琉球風水では、寝室や風呂場は健康運を整える場所とされているので、目覚めたらその場でたっぷりと息を吸ってみましょう。徐々に眠気が覚めて、活動状態のスイッチが入り、「今日も1日がんばろう！」という気持ちに切り替わることでしょう。これをおこなうと、その日1日は無駄に体力を消耗することなく過ごすことができます。

POINT!

深呼吸をするときは、観葉植物や空気清浄機の前などきれいな空気を吸える場所でおこなうとより効果的！

総合運 健康運

朝食は○時11分にとると、その日1日スムーズに物事が進む

11

11は流れをスムーズに進める数字です。「シンプルでスマート」「回転が早い」「滞りがなくなる」性格があります。体調不良の原因は、消化不良や便秘など体内の「滞り」が引き金になっていることもしばしば。それらの流れをよくしてくれるのが**11**という数字なのです。朝食は消化によいものを食べ、たっぷりと水分を取るようにするとよいでしょう。琉球風水では、流れをスムーズにすると運気が上がるとされています。「部屋の掃除をしましょう」というのは、住空間における動線の流れをよくすることで運気を上げようということなのです。これは体内でも同じで、血液循環をよくすることが健康につながるというわけです。

その日達成したい目標は家で3回唱えてから出かけよう

3

家を出る前の習慣にしていただきたいのが、目標を3回唱えるというもの。3は希望を叶えてくれる数字です。会社で勝負のプレゼンがあるとき、大事な打ち合わせがあるとき、今日終わらせなければいけない仕事があるとき、好きな人と初めてデートをするときなど、その日の目標を口に出すと気持ちが落ち着きます。自分の頭のなかと気持ちを整理するには、目標をはっきりと言葉にするというのは効果的です。それに、3は「陽気さ」「明るさ」「元気さ」「童心にかえる」など、元気にまつわる数字でもあります。気持ちを盛り上げて、元気に家を出るにはぴったりな数字なのです。

POINT!

鏡の前で身だしなみを整えながら、3回自分を褒めるのも効果的。自信が湧いてきて前向きな気持ちで家を出られます。

総合運　対人運

苦手な人に嫌味を言われたら、お風呂で7分間足湯に浸かろう

7

「会社で苦手な上司にケチをつけられた」「電車で知らない人に文句を言われた」など、世の中には理不尽な出来事がたまに起こります。そんなときはお風呂で**7**分間足湯に浸かりましょう。半身浴でも構いません。**7**という数字は「切り離す」という性格があります。お風呂という、汚れを洗い流す場所で嫌なことは水に流してしまいましょう。琉球風水において、手は吸収、足は排出を意味しています。「悪事から足を洗う」という言葉があるように、デトックスしたいときは、足を洗うのがよいのです。逆に「仕事でいい出会いがあった」「恋人から褒めてもらえた」「今日は楽しい1日だった」というときには、**8**分間手浴(ハンドバス)するのがおすすめ。**8**は守りに強い固める数字です。よい経験は、その手から離さぬようにしっかりと吸収させましょう。

POINT!

足湯をするときには、塩と日本酒で清めるとよいとされていますが、バスソルトや入浴剤でも代用できます。塩分が入っているものだとより清められますよ。

29

大事な会議の前日は、○時29分に布団に入ろう

「明日は大事なプレゼンがある」という勝負時には29分に床《とこ》につくのがよいでしょう。この数字は「勝負運」「プライド」「積極性」という性格を持っており、自信を持って会議の場に臨むことができます。

また、39分に布団に入るというのもアリです。39も「勝負強さ」「成功」「責任感」という性格があります。ぴったり29分、39分に眠りにつくというのは難しいので、電気を消し、布団に入る時間として決めてしまいましょう。

真っ暗だと眠れないという人は、オレンジ色の豆球をつけても構いません。

ただし、一度布団に入ったら、スマホをいじったりしないようにしてください。スマホの光が体内時計に影響するという研究結果も出ていますが、琉球風水としても、寝床に入ってからダラダラと過ごすのは、よい行動とされていません。

恋愛運 対人運

デートの前日は
○時25分に
布団に入ろう

25

大事なデートの前日は胸が高鳴り、眠りにつけず、ついつい夜更かししてしまうという人もいるのではないでしょうか。でも、寝不足になってしまっては、十分なエスコートはできません。**25**分に電気を消して、たっぷりと睡眠をとりましょう。

25は計画的に物事を進めるのに向いている数字です。自分のデートプランで相手を楽しませたいという人にはこの数字がぴったり。

逆にデートに誘われた側が存分にその日を楽しむには、**13**分に布団に入ることをおすすめします。**13**は楽しむエネルギーにあふれている数字です。「人気者」「親しみやすさ」「キュート」という愛される性格があります。学生時代の恋愛感情を呼び起こされるような、楽しいデートができるに違いありません。

POINT!

25は綿密な計算でプランを着々とこなすことに向いた数字ではありますが、ルールに厳しく融通が利かないという側面も。理屈や効率にとらわれすぎないように注意しましょう。

総合運

27

断捨離は毎月27日にすると効果的

27は整理をするときに向いている数字です。批判的な精神が備わっており、「根こそぎ断つ」という性格があります。判断力にも優れているので、いるものといらないものをはっきりと分けることができます。また、**27**日は家の掃除をするのに向いているだけではなく、スマホやパソコンのデータを整理する日としても向いています。スマホやパソコンは、気がつくといつの間にか容量がパンパンになっているということがありますよね。

写真やメールなど、いらないデータは定期的に捨てていかないと、だんだん動作が重くなってしまいます。琉球風水では「重くなる」というのは、流れが悪くなることや遅滞につながってしまうことから、運気が悪くなるとされています。定期的にデータを整理することが、身軽に生活するコツです。捨てるものがないという方は、データを移して保管する、クラウドの容量を増やすなどして、キャパシティを広げるのも有効です。

健康運

1

トイレ掃除は1のつく日におこなうと病気になりにくくなる

水場を整えることは琉球風水の基本。人体の成分の6割が水分であるだけに、水場が汚れていると体調に影響が出やすいです。なかでも排泄《はいせつ》をするトイレはとくに気をつける必要があります。汚れを残さずきれいに流すという意味では、**1**日、**11**日、**21**日、**31**日など、**1**のつく日に定期的に掃除をするとよいでしょう。**1**系の数字は、スムーズな流れを作る性格があります。そして、トイレにはあまり掃除道具やものを置かないようにしましょう。さらには、掃除用具は使い切りのトイレに流せるタイプのものを使うとよいです。汚れたものをトイレに残すというのは琉球風水では運気を下げることになります。また、トイレを使用するときは、スマホなどを持ち込んで長居しないように。長居するとトイレの悪い空気を吸い続けることになり、健康運が下がってしまいます。

POINT!

トイレは使い終わったら、フタを閉じるようにしましょう。開けたままにすると、汚れた空気が充満してしまい、これも健康運を下げてしまう要因です。

テレビのリモコンに21という数字を貼ると情報収集力アップ

★人気運　仕事運　出世運

21

現代はリアルタイムで新しい情報が流れ込んでくる世の中になりました。会社でも学校でも、最新の情報をチェックできている人は、自然と周囲に溶け込むことができたり、重宝がられたりするものです。

さて、情報収集に向いているのが21という数。電波に乗っているものと相性がよく、テレビなど情報をキャッチするものにこの数字を組み合わせると、自分のほしい情報や雑学を取り入れることができます。取り入れ方としては、リモコンに21と書いた紙を貼るだけでも効果があります。さらに21は「実力発揮」「起業」「経済力」という意味を持ち、仕事運が上がる数字でもあります。この数字を味方にすると、時代を感じ取るセンスが身に付くので、取り入れた情報を活かして、さらなるキャリアアップも目指せることでしょう。

POINT!

テレビの音量を21にするのもアリです。ただし、メーカーによって、21に設定すると爆音になったりすることがあるので注意！

健康運

観葉植物を3回なでると元気が湧いてくる

3

自宅編

観葉植物は二酸化炭素を取り込み、光合成により、酸素を排出します。滞った空気を動かしてくれる装置であり、天然の空気清浄機の役割をしてくれます。部屋の角に置いておくとよいでしょう。3という数字は、「希望」や「元気」という意味のある数字です。3回なでることで、生命のある植物から元気を分けてもらうことができます。

　また、植物によってそれぞれ効能が変わります。ポトスは「発想が湧く」、カポックは「要領をよくする」、仕事運を上げるにはシンゴニウム、色気を出したいときにはベンジャミンがおすすめです。

　植物が枯れてしまったというのは、植物が自分の代わりに悪い気を吸ってくれた証拠です。これまでの感謝をしてから、片付けるようにしましょう。

POINT!

観葉植物にあげる水は、自分がふだん飲んでいる水を与えるようにしましょう。光合成で発生した空気を吸うのは自分自身なので、植物にあげた水は回り回って自分に返ってくるのです。

総合運　健康運

11

部屋に11曲の音楽を聴かせると、運気が上がるパワースポットになる

出かけるときにタイマーで11曲の音楽が流れるようにしておくと、自分の部屋がパワースポットになります。誰も聴いてないのに無意味なのでは？　と思った方もいることでしょうが、音楽をかけることは空気を振動させること。振動は空気の循環を起こし、誰もいない部屋を生きた部屋に変えるのです。水に音楽を聴かせると美味しくなるというリサーチをはじめ、無生物でも音楽を聴かせると活性化するという報告は多数あります。空間に音楽を聴かせるという行為もこれに通じているのです。さて、

11は自然物との相性がよい数字です。「循環をよくする」「天の恵みを受ける」という性格があるので、場を整えるには11曲聴かせるのがよいのです。自宅がパワースポットになると総合運が上がり、その部屋で過ごすと疲れが抜けやすくなります。

POINT!

音楽は激しいロックなどよりも、落ち着いたクラシックやヒーリング系の音楽、小鳥のさえずりやさざなみなどの自然の音がよいでしょう。

Column
琉球風水とは？①

環境に合わせ独自に進化した風水

中国的地理思想である風水は、自然と共生して幸せになる地理学・環境学です。それが琉球に伝わり始めた当時の地理学は、城・集落・家屋などの位相、自然環境及び地勢・地形・植相などの地相を判断していく思想であり、学問でした。私たちは、日々自然のエネルギーの影響を受けながら生きています。そのエネルギーを「気」と呼んでいます。よい「気」を集めるために、風と水を操ることが風水の役割なのです。

琉球は周囲を海に囲まれた島国で、土地や気候条件が大陸とは異なります。そのため、中国から伝わった風水をそのまま使うのではなく、海や海岸、離島などの「海辺の風水」として、独自に進化した形が琉球風水なのです。

2

交通機関・移動編

1か3のつく改札を通ると、その日の仕事がスムーズに進む

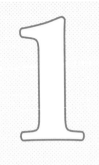

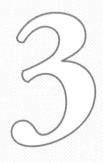

駅の自動改札には、それぞれ番号がついています。切符の投入口の下のほうを見ると番号が書いてあることが多いのでチェックしてみてください。下一桁に1のつく番号か、3のつく番号の改札を通ると仕事運を上げることができます。1系は、「先を行く」「処理能力を高める」「スムーズに仕事が進行できる」という数字です。3系は「希望が叶う」「やる気が出る」「プレゼン能力を高める」という数字です。ただし、自分の希望の番号の改札が通れなかったとしても、落ち込む必要はありません。そんな日は、慣れた仕事でもミスしてしまう可能性があると思って、ふだんより注意して過ごすようにしてください。

交通機関・移動編

24番の改札を通ると、その日のデートは大成功

24

24は無から有を生む数字で、「成功させる」「形になる」「成就する」という性格があります。ただ、24番の改札を見つけるのはなかなか難しいことです。ある程度大きい駅でないと、それだけの数の改札がありませんからね。ですから、恋人とデートに行った先で、「24番の改札があるか探してみる」というゲーム感覚で取り入れてみるのがいいかもしれません。注意点としては、その改札が見つかったからといって、割り込みをしたり、無理に通ろうとしたりしないことです。周りの人の流れを止めてまで通ろうとすることは、琉球風水としては逆に運気を下げてしまう行動です。空いているタイミングを狙って2人で通ってみましょう。きっと楽しいデートになるはずです。

POINT!

東京でいうと、渋谷駅、表参道駅、銀座駅では過去に24番の改札を見たことがあります。電車移動中に話題にすると、デートを盛り上げるきっかけになるかもしれません！

総合運　健康運

1

電車は1号車を選ぶと
ストレス軽減

これは数意学ではないのですが、琉球風水の観点からいうと、改札から一番遠い車両に乗るとストレスが軽減されます。ということで1号車か、最後尾の車両を選ぶことをおすすめします。琉球風水としても「密」は大敵です。密集することは、流動性を失ってしまうことにつながるからです。駆け込み乗車を平然とおこなっている人を見かけますが、彼らは余裕を持って行動しておらず、言い換えれば、駆け込んでいるあの瞬間、時間を過密にして行動をしています。さらに駆け込んだ電車が満員の密集状態だと、体にも心にもストレスがかかってしまって当然。乗客とのトラブルにもなりかねません。焦って流れに逆らったばっかりに運気を下げてしまっているのです。

勝負運

対人運

7

大勝負に向かうときの電車は7号車に乗ろう

出張先での大きな取引や恋人の両親へのあいさつ、スポーツの大会など、負けられない勝負事が控えているときには、7号車に乗ると勝負運が上がります。7は「カリスマ性」「独立心」「勇気」などの意味を持つ、戦いに向いた数字です。目標に向かって進むエネルギーに加え、地道に努力する根気強さや、困難にもめげないタフな精神力、チャンスを逃さない判断力など、夢を叶えるための能力を持った数字なので、ここ一番の勝負強さを発揮できることでしょう。注意点としては、電車で寝てしまわないこと。睡魔という言葉の通り、睡眠中に「魔」は入り込んできます。電車で寝るということは、自宅で寝るのとは違い、無防備な状態を外でさらしていることにほかなりません。

POINT!

電車で寝るのは、見知らぬ他人に無防備な姿を見せるだけではなく、目に見えない電磁波やウイルスにさらされている可能性もあるため危険。前日はしっかりと休息をとりましょう。

金運 総合運

25 交通系電子マネーは2500円のチャージで計画的な利用を

都市部においては、公共交通機関を利用する際に大半の人がSuicaやPASMOなどの交通系電子マネーを利用するようになりました。チャージ金額を設定する場合には、**2500**円ずつチャージをすると、計画的な利用ができます。

25は「記憶力の高さ」や「計画性」を特徴としている数字です。綿密な計算と正確なシミュレーションを助けるので、無駄なくお金を利用することができます。**2500**円ずつができない場合には、**2000**円もしくは**3000**円ずつチャージするとよいでしょう。琉球風水では、余裕を持つということが運気を上げる行為だとされています。つねに**2000**～**3000**円という金額が電子マネーに確保されているということは、気持ちに余裕を持たせる行為なので、運気を上げることにつながります。

POINT!

交通系に限らず、チャージするタイプの電子マネーを使用する場合には、この金額を目安に計画的にチャージをおこなうと運気が上がります。

健康運

6

新幹線や飛行機の座席では6番を選ぶと安全に移動ができる

昨今では、新型コロナウイルスの蔓延《まんえん》で県境を越えるのも大変ですが、出張や冠婚葬祭など、どうしても外せない用事というものは出てきてしまうものです。そんなときに危険から身を守ってくれる数字が**6**です。「神仏の加護」「第六感」などの意味があり、先祖や神仏など目に見えないものの加護を受けられるので、重大なピンチを乗り切ることができます。病気だけではなく事故などのトラブルからも守ってもらえるので、距離のある移動をする場合にも、すんなりと目的地に到着することができるでしょう。

総合運　安全運

18

荷物を預けるのにもっとも安全なのは18番のロッカー

スポーツジムや旅行などでロッカーに荷物を預けるときには、**18**番のロッカーを選ぶと盗難などのトラブルにあいにくいです。**18**は防御力が高いという特徴を持っています。「タフさ」「慎重さ」「ピンチやトラブルに強い」という数字です。大切なものを預ける場合にはこの番号を選んでおけば、安心して預けることができることでしょう。さらに、自分で暗証番号を設定できるときには、4桁でも5桁でも、その数を足した合計の数字が**18**になるように設定をすると、堅牢《けんろう》な守りになるはずです。

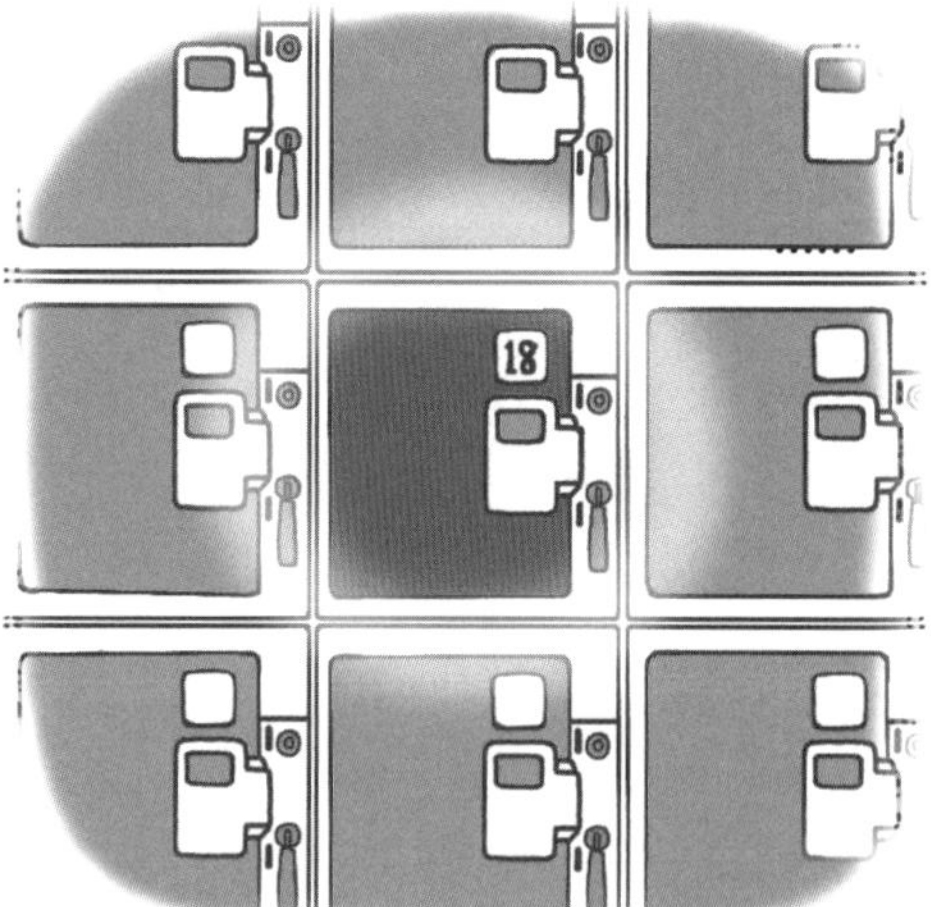

POINT!

自転車のロックや金庫、南京錠に至るまで、暗証番号を設定する場面は多々あります。合計の数字が18になるように設定をすると安全に預けられます。

総合運　安全運

車を駐車場に停めるときは防御力の高い8番か11番を選ぼう

8

11

安全なドライブを楽しむには、**8**番か**11**番のパーキングに停めるのがよいでしょう。**8**は「安定感」「堅実」という特徴を持つ守りに強い安心感のある数字です。車上荒らしなどの泥棒から車を守ってくれるはずです。2桁の場合は、**11**をおすすめします。こちらも防御力の高い数字なのですが、加えて、天気が味方をしてくれる数字でもあるのです。初めての場所にドライブに行くなら、なるべく駐車場の番号は選んだほうがよいでしょう。少しでも不安を減らすことができますからね。ちなみに、ナンバープレートにも吉数、凶数があります。それぞれの足した合計数を、後述の表（P137）と照らし合わせてみてください。悪い数字だった場合、**6**と書いた紙をダッシュボードの物入れに入れておくだけでも、ルーツ（先祖）に守ってもらえますよ。

総合運
健康運

3

リフレッシュしたいときは3番の駅で降りて一休み

駅の表示を見てみると、それぞれに番号が振られていることがあります。今日は疲れたなという日は、一度**3**番の駅で降りて一休みしましょう。**3**は「元気」「笑顔」の数字です。さらにリラックスするためには、夕日とフルーツがキーワードになります。さすがに、海岸で夕日を浴びながらフルーツジュースを飲むというのは難しいと思うので、夕日や夜景の見える場所で、好きなご飯やデザートをご褒美として食べるのがよいでしょう。すると、「今日も1日が終わったな」というリセットを自分自身に与えることができます。とくに旬のフルーツを食べると運気が上がりますよ。ブドウの時期にはワインを飲む、というのでもOKです。

Column
琉球風水とは？②

風水＝気を動かすことが大事！

沖縄は高温多湿の環境にあるため、伝統的な建築様式においては、換気のための様々な工夫がされています。内部に溜まった熱気や水蒸気を排気する「空気抜き（クウキミー）」や垂木《たるき》（屋根を支える下地となる部分）と垂木の間に「雀口《すずめぐち》」という隙間を作って、通気をよくしているのです。これは、風水の基本である「よい気を集めるために、空気を動かすこと」につながっています。

このような様式ではない現代建築においては、エアコンや扇風機、換気扇や空気清浄機を使うと簡単に空気を循環させることができます。空気の動きにくい部屋の角に、観葉植物を置くというのも効果的です。そのほか、朝起きたら窓を開けるなど、ふだんから空気を入れ替える習慣をつけるとよいでしょう。

3

職場・仕事編

仕事運　出世運　対人運

21

名刺入れには21枚の名刺を入れると仕事運アップ

ビジネスシーンにおいて、初対面の相手に自分の印象を植え付ける最初の機会が名刺交換。相手に「コイツは見所がありそうじゃないか」と印象付けるためには、**21**枚の名刺をつねに入れていると仕事運が上がります。**21**は、「実力発揮」「キャリア志向」「起業」「経済力」などの性格があり、時代の先をいく、先見性を持った数字だといえます。ちなみに、**23**枚入れておくとプレゼン力が上がるので、営業をする際にはこの数を入れておくとよいでしょう。また、受け取った名刺は、名刺入れに入れっぱなしにするのはよくありませ

ん。パンパンにしておくことは整理ができていない状態、すなわち流れの悪さにつながってしまうからです。名刺入れは、ふだん使用するための名刺入れと、保管用、補充用を持っていると完璧です。

POINT!

ボロボロになった名刺入れは買い換えるようにしましょう。物には寿命があり、役割を終えた物を使い続けていると、新規の仕事につながりにくくなってしまいます。

職場・仕事編

仕事運

勝負運

5

商談は5番の会議室でおこなうとスムーズに進む

自社のサービスや商品を上手く売り込み、合意を得ることが商談。スムーズにことを進めるためには、相手の要望に耳を傾けることも重要なことです。**5**は、聞き上手な数字です。「優しさ」「思いやり」「協調性」「バランス感覚」という性格を持っているため、**5**番の会議室でおこなうと、相手からの信頼を得やすいでしょう。平和的に、早く商談をまとめることができます。仮にトラブルが起こった場合にも、最終的には落ち着いた着地点を見つけられることでしょう。逆に会議室としてふさわしくないのは、**2**番と**4**番。**2**は物事が決まらない数字で、**4**は破壊の数字です。それまでまとまっていたものが、壊れてしまう凶数なのです。

POINT!

会議室には番号を振らずに、A、B、Cなどとしてしまうほうが、影響を受けにくいです。凶数の部屋しか空いていない場合は、応急処置として番号のプレートを外す、隠すだけでもよいでしょう。

職場・仕事編

対人運

3

苦手な上司と話す前には、3回深呼吸をすると上手く会話できる

「嫌な人ではないんだけど、どうもあの上司は苦手だな」と感じてしまう相手は誰にでもいるもの。その原因は、性格や価値観の不一致が原因になっていることがしばしば。その溝を埋めるには、話しかける前に3回深呼吸をすることが有効です。

3は「笑顔」「陽気さ」「元気」「キャラが立つ」という特徴を持っている数字です。苦手な相手を目の前にするとどうしても笑顔になれない方が多いことでしょうが、3を意識することで、表情が柔らかくなるため、相手も身構えずにあなたに接することができます。もしかしたら、苦手意識を持っているのはあなただけで、相手は好感を持ってくれていることもあるかもしれません。深呼吸をして一歩踏み出してみましょう。

職場・仕事編

POINT!

3回深呼吸をしても覚悟が決まらない場合には、3分間のシンキングタイムをとって、上司に話す内容を整理したり、まとめたりするのもよいですよ。

仕事運　対人運

31

部下に慕われるためには○時31分に頼みごとをしよう

新しく加わった部下の考えがわからず、「これがジェネレーションギャップか」と、肩を落としているあなた。部下に慕われたいのであれば、31分に頼みごとをするとよいでしょう。31は、老若男女問わず仲よくできる数字です。「気立てのよさ」「繁栄」「統率力」「温厚な性格」という特徴を持っています。この数字を味方にすると、状況に応じて的確な判断ができるため、周囲から高い評価を得ることができます。男性なら懐の深い社長や上司に、女性ならキャリア型の良妻賢母というイメージです。どんなに偉くなっても、区別なく接することができるという数字なので、頼みごとについても受け入れてもらいやすくなります。31分に呼び出す、メールを送る、電話をするなどの形でお願いするとよいでしょう。

仕事運　勝負運

11

電話で仕事の話をするときは11分間で話すとまとまりやすい

電話で商談や打ち合わせをするときには、11分間でまとめようと意識すると収まりよく進みます。11という数字は「素直」「先見性」「回転が早い」という特徴を持っています。この数字の助けを借りると処理能力が高まり、話の流れも滞りなく進めることができます。誠実さが伝わる数字でもあるので、電話越しでも相手にも伝えたいことを理解してもらいやすくなります。もちろん、11分きっかりで電話の打ち合わせが済むとは限りません。さらに、かかってきた電話の場合、時間を計りながら電話することは難しいでしょう。時間に合わせるために、焦って話してしまっては本末転倒。時間に縛られることなく、あくまでも11分間を意識するだけでいいという気軽な気持ちで試してみてください。

POINT!

メモが取れる状態にあるときには、そこに11と書き込んでおくだけでも効果があります。意識することで、数字の効能は得られるのです。

対人運

35 落ち着いてクレーム対応するには、電話機に35のメモをつけよう

クレーム対応の良《よ》し悪《あ》しで、会社や店の評判は大きく左右されるものです。重要なことだとわかっていても、クレーム対応に苦手意識を持っている人は多いのではないでしょうか。そんなあなたの背中を押してくれるのが**35**という数字。**35**は「優しさ」「母性」「まじめさ」などの特徴を持った数字です。どのようなクレームがきても器用に受け止めることができるでしょう。コールセンターなどの部署に勤めている方は、あらかじめ電話機に**35**と書いたメモやシールを貼っておくとよいでしょう。また、たまたま取った電話がクレームの内容だったということもあるかもしれません。そういうときは、まず落ち着いて、指で**35**と書いてみるだけでもよいです。相手を受け止める心の準備が整うはずです。

★人気運　対人運

13

接客業では13を意識すると人気者になれる

お客さんを目の前にすると緊張して、つい表情が強張ってしまう、笑顔が大事だということはわかっているけれど、自信がなくて、つい声が小さくなってしまうという悩みを抱えている方も少なくないでしょう。

直接お客さんと接することが多いサービス業や接客業をしている方には**13**という数字を意識することをおすすめします。**13**は「人気者」「親しみやすい」「笑顔」「キュート」「ムードメーカー」という特徴のある数字です。ノリのいいトークと親しみやすいキャラクターで、芸能人のような人気を獲得できます。老若男女から支持されるエイジレスな魅力を発揮できるはずです。つねに持っているメモ帳に

13と書いておくだけでも、数字を味方にすることができますよ。メモを懐に忍ばせてからフロアに出れば、親しみやすい表情を自然に作ることができるでしょう。

仕事運
総合運

1 仕事でミスをしたら、リスタートの1で気持ちの立て直しを

「しまった。頼まれていた用事があったのに、すっかり忘れていた！」というミスは、誰にでも起こりうること。その失敗を引きずってしまったために、新たなミスをしてしまった。そんな負の連鎖を起こさないためには、手を**1**回叩いて「はい！ 次」と声に出しましょう。**1**は、「始まり」「リスタート」「前をしっかりと見据える」数字です。次に進むために**1**の助けを借りると、気持ちの切り替えがうまくいきます。また、手を叩くことで破裂音が生まれます。沖縄の伝統芸能「エイサー」では、お盆に迎え入れた祖先の霊をあの世に送り返すために、太鼓を打ち鳴らすのですが、「これでおしまい」という意味で叩くのです。気持ちを切り替えるときにも、手を叩くことで区切りをつけると、ミスを引きずることがなくなるでしょう。

POINT!
少し落ち込んだときには、1分間の反省タイムを設けるのも効果的！

仕事運

転職に悩んだら、7日、17日、29日に決断を

7 17 29

転職を考えるときに重要なのは、踏ん切りをつけるということだと思います。そのために必要なのは決断力。**7**、**17**、**29**は後悔のない決断ができる数字です。**7**は冷静な判断を促してくれ、**17**は目標が定まったら突き進む数字、**29**は勝負事に強く、小さなことで迷わないという性格があります。**7**日、**17**日、**29**日に決断をすれば、後悔のない転職ができることでしょう。

また、転職とは、新しい会社との出会いと言い換えることができます。琉球風水において、良縁を引き入れるためには窓を掃除することをおすすめします。窓ぎわやカーテンレールにはほこりを溜めないようにしましょう。重点的に掃除をすると、あなたの希望に合った転職先が現れやすくなりますよ。

職場・仕事編

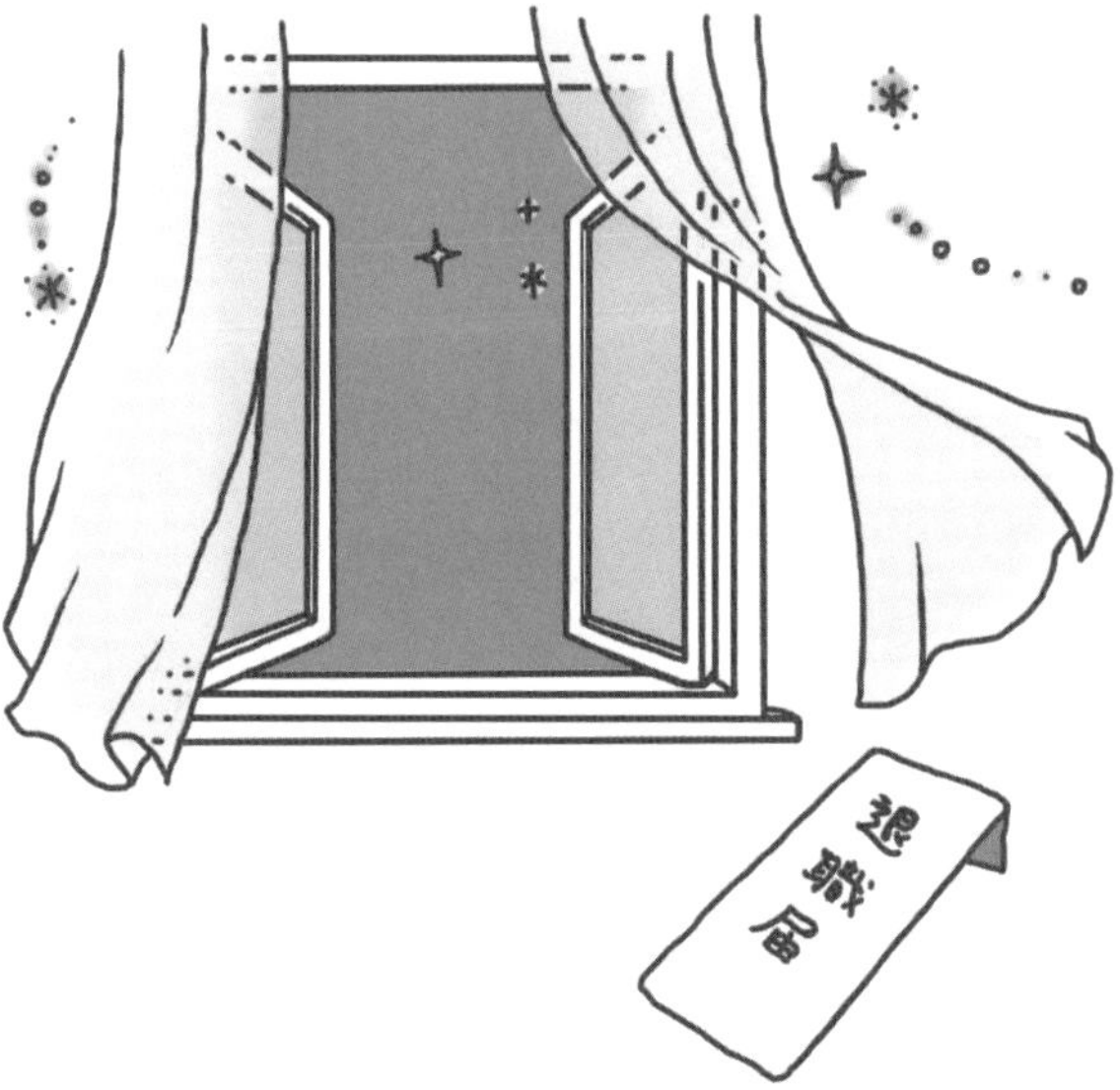

健康運　仕事運

13

リフレッシュタイムは13分間とると効果的

集中力を保つには、適度な休息も必要です。疲れた体と脳を休めるためには、13分間の小休憩をとるのがおすすめです。13は「人気者」「親しみやすい」「ムードメーカー」などの特徴がある一方で、「注意散漫」という性格があります。この数字をうまく取り入れることで、緊張感を和らげることができます。13分間も席を外せない場合は、3個のチョコレートを食べましょう。3は「無邪気」「笑顔」「童心」という意味合いがあるため、緊張感のない数字です。チョコレートを食べて童心にかえれば、張り詰めた気持ちをほぐすことができます。甘いものを食べることでリラックス効果も高まることでしょう。

対人運　金運

良好な関係を築きたい取引先への手土産は24個入りを選ぼう

24

取引先へ訪問をする際に、お菓子などの手土産を持っていかなければならないとき、何個入りのものを買っていこうか悩むことはありませんか？　そんなときには24個入りのものを選ぶとよいでしょう。24は「財運」「資産」「玉の輿」という性格を持った数字で、無から有を生み出すのに優れています。金運が強い数字でもありますよ。自社と相手の双方に実りある取引が続けられるようになります。

また、手土産は黄色いパッケージに包まれたものを選ぶとよりよいでしょう。黄色は、琉球風水では「豊かさ」「権力」「希望」などを表す色とされています。中身はフルーツ系のものがおすすめ。フルーツは「収穫」という意味合いがあるので、運気を上げてくれます。

Column

琉球風水とは？③

ルールよりも自分の居心地のよさを重視しよう

風水に苦手意識がある方のなかには、「部屋の南側に○○を置いてはいけない」とか、「玄関には○色のものを置くとよい」など、指示されることにわずらわしさを感じている場合も少なくないと思います。息苦しさやストレスを取っ払いたいから風水を始めたのに、逆にそれが足かせになってしまっては意味がありません。

もちろん、私のお伝えしている琉球風水にも、方角や色のルールはあります。ですが、それ以上に大切にしている考え方が「ドゥーフンシー」というもの。「自分のための風水学」という意味です。「改札は1番か3番を通るとよい」とあっても、空いていない場合には無理をしない。環境に合わせて実行可能なものだけを取り入れて、自分の居心地のよさを大切にしてください。

4

デート編

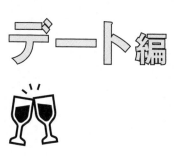

恋愛運
勝負運
対人運

好きな人への思いは○時32分に伝えると恋愛が成就する

32

気になる人をデートに誘いたいけれど、断られるのは怖い。なんとしても成就させたいのであれば、32分にデートのお誘いをするメッセージを送るようにしましょう。

32は「チャンスに強い」「出会い」「発展」「ドラマチック」という意味を持っています。ここぞという場面に強く、ひとつの幸運をキャッチすると、芋づる式に幸運をつかむことができる数字です。良縁が良縁を呼ぶ数字でもあるので、「誰かいい人を紹介して」と友達に連絡を入れてみるのもいいかもしれません。より運気を高めるためには、植物園や花屋の前など、花が咲いているところで連絡をするのがよいです。花開くという言葉があるように、恋愛成就にはぴったりなシチュエーションなのです。

POINT!

自宅に花を飾り、その前でメールを入れるのもアリ。造花やドライフラワーよりも生花のある環境で、連絡するようにするとよいです。

♥恋愛運 ★人気運 勝負運

15

勝負デートの約束は15時48分に連絡しよう

48

誕生日や記念日、クリスマスなどのイベントなど、勝負どころでは15時48分に連絡を入れると、思い出深いデートにすることができます。

15は思いやりがあり、情に厚く、人間関係が充実する数字です。人間的な魅力にあふれ、あらゆる運と人気をものにできるラッキーナンバーで、恋愛面でも効果を発揮します。48は「人徳」「参謀」「知性」「戦略」という特徴を持った数字。コンサルティングに優れているので、相手の求めるデートプランを提案できることでしょう。相手の魅力を引き立てることができる数字でもあるので、満足度の高いデートになること間違いなしです。

デート編

♥恋愛運 ★人気運 対人運

1747

電話で告白をするなら17時47分に連絡を入れるべし

運命の告白。これほど緊張する瞬間はほかにありませんね。ピンポイントで告白をするなら17時47分に電話をかけるようにしてみてください。17は「スター性」「美意識」「自己プロデュース」などの意味がある数字で、自分のチャームポイントを活かせるように助けてくれます。47は開花の数字。「努力」「人望」「金運」「結婚」などの特徴を持っています。相手からの信頼を得ることができる数字で、努力によって成功がもたらされるという運気を持っています。あなたの誠意が認められて、恋愛が成就しやすい数字です。うやむやにされずに結果が出るという性格もあるので、心して連絡するようにしてください。

POINT!

相手の都合でピンポイントに連絡するのが難しい場合には、47という数字を優先して連絡を入れるのがよいでしょう。

恋愛運　対人運

6 気になる人との初デートでは、財布に1万5000円入れておくとうまくいく

まだ付き合っていないけれど、気になる人を初デートに誘うことができた。デートの予算をどれくらい用意するべきかで悩んだら、各桁の合計が**6**になるように、財布に入れていくとよいでしょう。「各桁の合計が**6**になる」というのは、6000円、1万5000円、2万4000円、3万3000円といった金額です。**6**という数字は、「神仏の加護」「第六感」など、先祖や神仏などの目に見えないものから守られる力が強い数字です。ルーツからの導きを感じ取り、相手が本当に自分に合っているのかを見定めることができるでしょう。しっかりと見定められると、後悔のない相手選びができます。

♥ 恋愛運　対人運

5

恋人とのデートでは、財布に1万4000円入れておくと円満カップルになれる

すでに付き合っている場合、財布に入れておくべき予算は各桁の合計が**5**になるようにしましょう。5000円、1万4000円、2万3000円、3万2000円というような金額です。**5**は優しさにあふれている数字です。「聞き上手」「思いやり」「協調性」など、ケンカとは無縁の数字なので、少々トラブルが起きてしまっても、すぐに仲直りできます。円満カップルとして今後も付き合っていくことができるでしょう。

また、財布の使い方についての注意点ですが、財布には、領収書やレシート、使わないポイントカードは入れないようにしてください。小銭入れと札入れは分けるようにしたほうが、金運はアップしますよ。

恋愛運
対人運

5

レストランでは、5番か15番テーブルを選ぶと距離が縮まる

15

多くのレストランでは、オーダーを整理するためにテーブル番号が決められています。テーブルの端や側面など目立たない場所に番号が付けられているので、探してみてください。「お好きな席にどうぞ」と言われた場合には、**5**番か**15**番を選ぶと相手との距離が縮まります。**5**は優しさにあふれている数字で、聞き上手。協調性やバランス感覚に優れています。**15**は思いやりがあり、情に厚く、人間関係が充実する数字です。お互いに思いやれる関係になるので、食事や会話を通して、仲を深めることができるでしょう。また、これは恋愛以外でも有効です。職場の上司と居酒屋に行くとき、ロッカーに靴を入れなければならないことがあるでしょう。そのような場面でも、**5**番、**15**番のロッカーを選ぶとお互いの距離を縮めることができます。

デート編

対人運★人気運

17

プレゼントは、デートの17日前に購入しておくとサプライズ大成功

サプライズでプレゼントを渡したときに、相手が喜んでくれたり、驚いてくれたりすると、準備してよかったなと心から思えるものです。驚きの演出がしたいというあなたには**17**がおすすめ。

17は魅力のある数字です。「スター性」「美意識」「自己プロデュース」などの性格があります。魅せる力が働くので、相手に喜んでもらえるものを選びやすくなるのです。誕生日プレゼントやクリスマスプレゼントなどを事前に購入するなら**17**日前に買っておくとよいでしょう。ちょっとそれは早すぎという方には、プレゼントの包み紙にさりげなく**17**と書いておくのでもよいですよ。

デート編

恋愛運
対人運

38

デートする場所に迷ったら、ガイドブックの38ページ目を開いてみよう

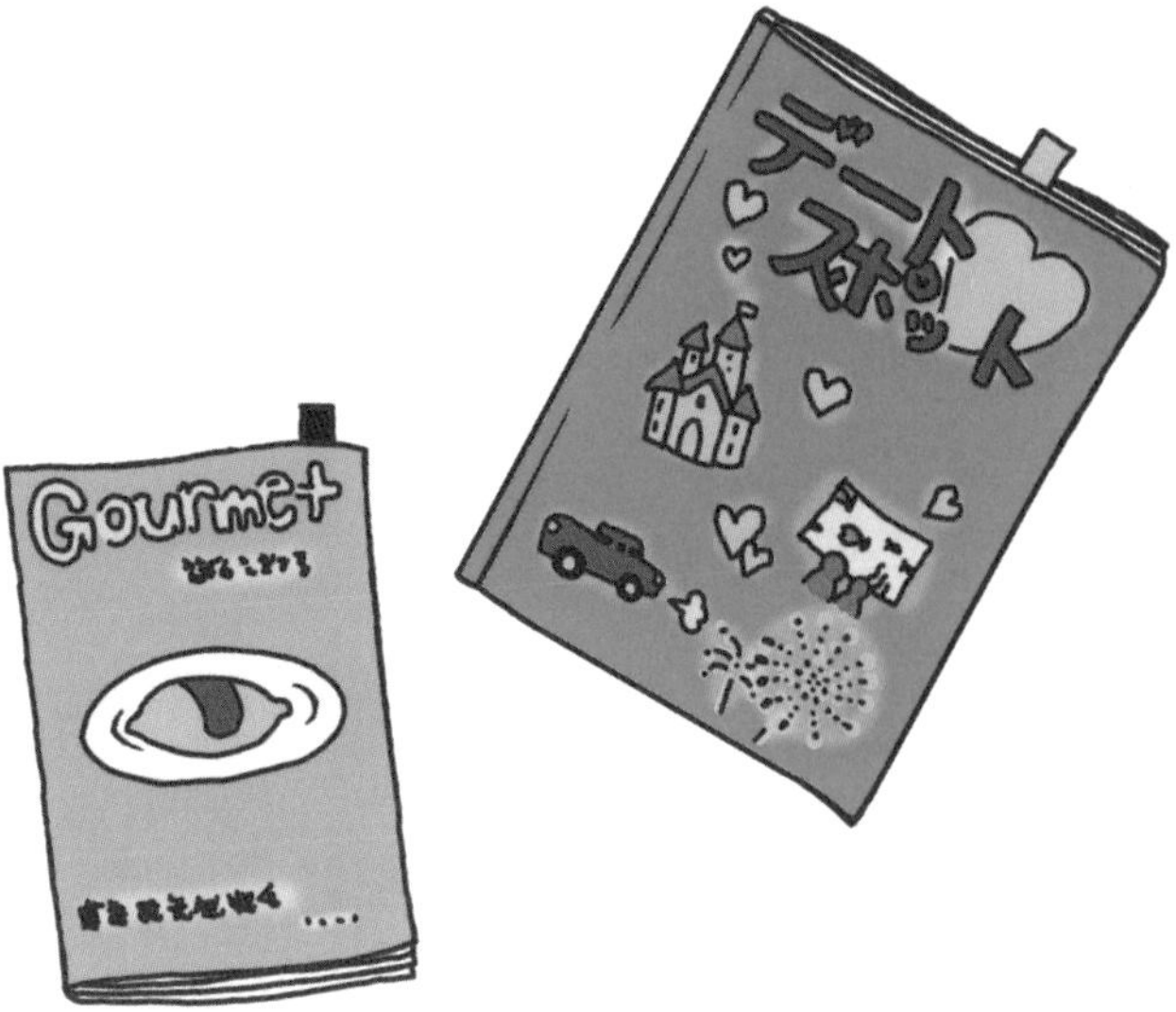

付き合いたてのころはデートで行ってみたい場所が次々に思いついていたのに、最近はまったくピンとこない。そんなときには、思いきってガイドブックの**38**ページ目を開いてみましょう。**38**は「技芸」「創造性」「平和主義者」という特徴を持っています。少しのことではうろたえないという堂々とした性格と、ひとつのことをしながら、別のことも考えられる柔軟さを兼ね備えています。恋人とガイドブックの**38**ページ目を開いてみて、「これだ！」という場所があれば、そこに行ってみればいいし、しっくりこなければ、その周辺の店で気になるところを選んでみたらいい。それくらいの心の余裕と方向転換する柔軟さでデートする場所を探してみると、思わぬ拾い物を発見できるかもしれません。

恋愛運　対人運

デート中は19と34という数字に要注意

レストランのテーブル番号や遊園地での整理番号、映画館の席順など身の回りは数字だらけです。デート中にこの数字にまつわることを発見したら注意しましょう。その数字が19と34です。19は三角関係に巻き込まれやすい数字です。「気分屋」「魔性」「お酒の失敗」「恋愛トラブル」という特徴があります。気持ちのアップダウンが激しく気分屋の数字なので、恋人の目移りなどトラブルが起こってしまう可能性があります。34は「事故」「予期せぬ不運」「病気」「お酒の失敗」「恋愛トラブル」など、思わぬ不幸を呼び込んでしまう数字です。このふたつの数字の共通点は、お酒のトラブルを招きやすいということ。早めに帰るようにして、酒場には近づかないようにするとリスク回避ができます。

デート編

恋愛運　対人運

19

マンネリカップルは劇薬の19でラブラブに

出会ったころはあんなに燃えるような恋をしていたのに、最近は一緒に何をしても盛り上がらない。そういう刺激を求めているカップルは19を劇薬として利用してみましょう。19は三角関係に巻き込まれやすい数字だと書きましたが、「魔性」という色気抜群の数字でもあります。男性としても、女性としても色気を呼び覚ます数字なのです。19分に待ち合わせするなどすると、ふだんと違ったスリルが味わえるかもしれません。琉球風水としては、マンネリを打破するには、環境の変化を起こすことが有効です。部屋の模様替えをしてみたり、寝間着を変えてみたりという工夫です。ただ、環境の変化によって別れを迎えることもありえます。どちらに転んでもそれは縁です。私に八つ当たりしないでくださいね。

恋愛運　総合運

13

恋愛映画を観るなら、心ときめく13番の座席を選ぼう

観る映画のジャンルによって座席を決めるという楽しみ方もありますよ。恋愛映画を観るなら**13**番の席がおすすめです。「人気者」「親しみやすい」「笑顔」「キュート」などの特徴がある数字で、心ときめく時間を過ごすことができるでしょう。大人の恋を描いた映画を観るなら**15**番の席。「人気者」「家庭運」「パーフェクト」という性格を持った数字です。夫婦関係や家族関係にも良好な数字で、成熟した恋愛を受け入れる素養があります。男女の愛を超えた世界や、自然界の愛を描いたノンフィクション作品を楽しむなら**35**番の席。「優しさ」「母性」「平和な家庭」「アーティスト」という性格を持っており、包み込むような優しさのある数字です。登場人物に感情移入をしてその作品の世界観をおおいに堪能することができるでしょう。

POINT!

現在、席は連番で取れない所が多いので、一緒に行く相手は取れる限りの前後の番号に。

デート編

♥恋愛運 👍総合運

23

サスペンス映画を観るなら、23番の座席を選んで楽しもう

ハラハラするサスペンスや、謎を解いていくミステリー映画を観るときには、座席番号**23**がおすすめ。**23**は「非凡な発想」「知能」「実行力」「冒険心」などの特徴がある数字。目まぐるしい展開をして、先が読めないような作品を楽しむにはぴったりです。

ヒーローが活躍するアクション映画は**33**番の座席を。「ダイナミック」「頂点」「カリスマ」という意味がある数字です。天下に名を残す正義のヒーローにはふさわしい数字なので、登場人物たちの活躍を夢中になって応援できるはずです。超常現象を扱ったパニック映画やホラー映画を観るなら**29**番の席へ。第六感に優れている数字である一方で、目に見えないものは信じないという現実的な性格があるので、霊的なものをはね返し、立ち向かうエネルギーを与えてくれます。

POINT!

マンネリカップルはホラー映画を29番の席で観ると、感情が高まるかも。

恋愛運　家庭運

新幹線や電車で旅行するときは、15番の座席で絆を深めよう

15

遠出の旅行をするときは15番の座席をとると互いの絆を深めることができます。15は家庭運が強く、夫婦関係や家族関係が良好になる数字です。未婚のカップルであってもその例外ではありません。仲よく過ごすことができるので、旅先でケンカにならない数字でもあります。

また、座席は窓際に女性、通路側に男性が座るようにするのがスマートです。女性を守るという意味でも男性が通路側に座るほうが安心できるからです。それに女性のほうが、景色に対する感受性は高い傾向にあるので、旅先に着くまでのエンターテインメントとして楽しんでもらうことができます。

恋愛運　家庭運

5 婚前旅行で相手を見極めるなら5泊してみよう

まだ結婚をしていないカップルは5泊の旅行をして、相手を見極めてみましょう。5は「優しさ」「思いやり」「協調性」「聞き上手」「バランス感覚」などの特徴を持つ数字。せっかく長時間ふたりきりで過ごせるのだから、聞き手に回って、相手の描いている将来のビジョンや価値観を受け入れることができるか、考える機会にできることでしょう。単純に旅行を楽しみたいなら、3泊がおすすめ。「無邪気」「好奇心旺盛」「童心」「若々しさ」という特徴があるので、旅先の経験を子供のように純粋に楽しむことができます。

恋愛運 家庭運

6 旅先のホテルの部屋番号が303号室だといい家族になれること間違いなし

部屋番号が、204号室、303号室、402号室など、各桁を足して6になっていたら、幸運です。6は「神仏の加護」「第六感」などの意味がある数字で、先祖などのルーツから迎え入れられる数字だからです。

結婚を考えているのであれば、8、18も吉数です。8は、「まじめ」「誠意」「安定感」というような堅実な数字で、プライベートで円満な人間関係を築ける数字です。18は家族愛が強い数字。家族を愛し、身内を守るためなら努力を惜しまないという特徴があります。家族からも愛情やサポートに恵まれる数字なので、婚約者との旅行でめぐり合うことができたら、きっと幸せな家庭が築けることでしょう。

POINT!

婚前旅行で各桁の合計が6の部屋に当たったら、先祖の皆さんからのお許しがいただけた幸運の印。

家庭運　勝負運　金運

24

プロポーズをするときは、24本のバラの花束を贈り記憶に残る記念日に

プロポーズのときに意識したい数字は次の4つ。家庭運の強い15、玉の輿に乗れる24、気立てのよさという特徴のある31、何歳になっても初恋のような気持ちでいられる32が幸福をもたらしてくれます。なかでも、告白という意味では24が向いています。財運に恵まれる数字であり、お金持ちに見初められるなど、人一倍モテるのが24なのです。紆余曲折あっても、最終的には捕まえることができるという強運を持っています。プロポーズの際にプレゼントするなら、24本のバラの花束を贈りましょう。

家庭運　金運　対人運

14

プロポーズしてはいけない日は14日と22日

22

プロポーズをするならこの日だけは避けたほうがいい日があります。それが14日と22日。

14は破壊の数字です。「金銭トラブル」「不平不満」「グチ」「ネガティブ」「マイナス思考」と、トラブルが絶えない数字です。とくにお金の管理に頭をかかえる特徴があり、がんばって働いてお金を貯めようとしても予期せぬトラブルで出費が続き、手元にまとまったお金が残らないという傾向があります。

22は縁が切れる、離れるという性格があります。「見栄っ張り」「挫折」「短気」「不平不満」「逆ギレ」という特徴もあり、自身の身勝手から相手に嫌われてしまうという傾向があります。プロポーズをするなら、この2つの数字が入った日にち、場所、プレゼントには注意しましょう。

Column

色で取り入れる琉球風水

数意学では、琉球風水をもとにした色風水も取り入れています。主な色の持つ意味は次の通り。「今日はこんな1日にしたい！」という日には、持ち物に取り入れるなどしてみてくださいね。

★レッド……………エネルギッシュ、闘争心、元気回復
★オレンジ…………若々しさ、陽気さ、人気、親しみ
★イエロー…………豊かさ、権力、希望、集中力
★グリーン…………安らぎ、平和、鎮静、バランス
★ターコイズブルー……洞察力、アイデア、処理能力、積極性
★ブルー……………冷静さ、食欲を抑える、落ち着き
★バイオレット………癒やし、高貴さ、変化、内なる意志
★マゼンタ（ピンク）……優しさ、愛情、若返り、温かさ

5

その他編

金運 総合運

キャッシュカードの暗証番号は合計で15、24、31、32にするとお金が貯まる

24 15

32 31

五

大吉数とされているのが、15、24、31、32、52です。４桁の暗証番号となると、最大で36なので、52を選ぶことはできません。なので、15から32までの４つの数字を選ぶと総合運が高まり、お金が貯まるようになります。逆に避けたい数字は、10、12、14、19、20、26、28、34です。なかでも気をつけてほしいのが12、14、19、20、28。12は「家族との不仲」「不安定」「自己犠牲」という意味があり、家族のトラブルでお金が流れる傾向があります。14は破壊、金運の弱い数字です。19はお金が異性に流れやすいです。20、28は健康運に弱いので、医療費などにお金が流れてしまいがちです。

投資をするなら〇時21分に株を買うと失敗しない

21

投資をする人に必要なスキルは時代の先を読む技術です。それを助けてくれる数字が**21**。「実力発揮」「キャリア志向」「起業」「経済力」「センス」などの特徴がある数字です。先見性があり、お金をもうける才能があります。生活力旺盛というエネルギーを持っている数字なのです。さらにデジタルに強いのも**21**で、IT系など最先端の分野が向いています。デイトレーダーでなければ、**21**分に投資すると決めておくと、数字が味方になってくれるはずです。また、投資する際にバイオレットかイエローのものを身の回りに置いておくと金運が上がります。パソコンを使って投資するときはバイオレットのマウスパッドを使うとか、イエローの袋に預金通帳を入れておくなども効果的です。

資格の勉強をするときは、25分刻みで勉強をすると合格しやすい

25

学生ではなくても、仕事で資格の取得が求められたり、キャリアアップのために勉強をしなくてはならなかったりと、勉強の必要に迫られるシーンは意外と多くあります。効率よく進めるためには、25分刻みで勉強に取り組むと合格が近づきます。25は、「頭脳明晰」「記憶力」「計画的」という特徴を持つ数字で、答えのあるテストなどに強いといえます。逆算をしたり、計画を立てたりすることも得意です。それに、制限時間が1時間とされている試験の場合には、ふだん勉強をする習慣をつけるようになります。25分刻みで設定しておくと、25分×2で50分で解けるようになります。残り10分を見直しの時間に充てることができれば、余裕を持って自分の力を発揮することができるのです。

勉強運
仕事運

7

集中力を高めるためには、ペンケースの中身は7個にしよう

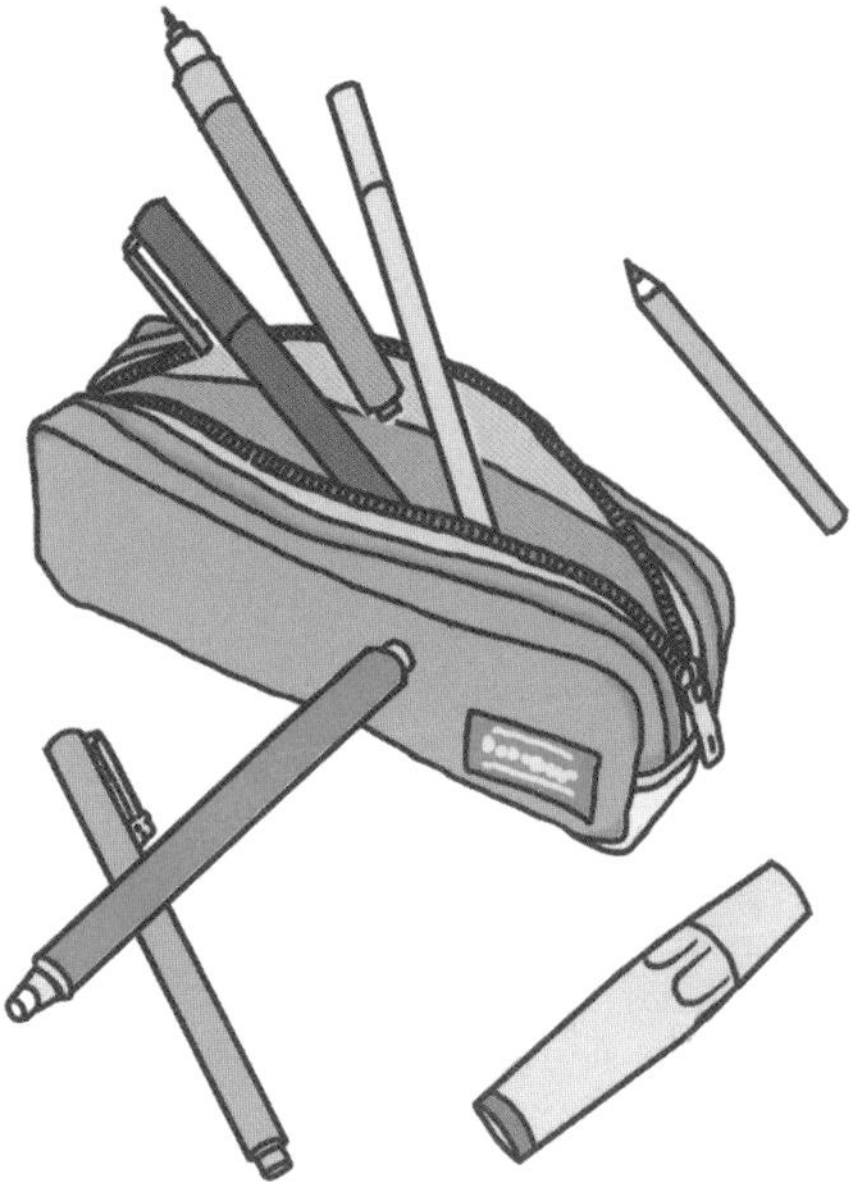

学校や職場、外部での打ち合わせなど、文房具を取り出してメモする機会はたびたびあります。集中して相手の話を聞き漏らさないためには7個の文房具をペンケースに入れておくとよいでしょう。7は集中力を高める数字です。「己を貫く」「人に何を言われても気にしない」という確固たる自分を演出してくれるのも特徴です。中身はシャープペン、消しゴム、シャープペンの芯、ボールペンなど、自分の必要なものを入れておけばよいです。加えていうならば、ブルー、イエロー、レッドのものはテストに強くなる色です。ブルーは冷静さ、イエローは集中力、レッドは勝負強さを表しています。ただし、レッドは焦りにつながる色でもあるので、赤いハンカチなどにしてポケットに忍ばせておくのがよいでしょう。

★人気運

13

SNSで注目を浴びたいなら13時32分に投稿しよう

32

注目を浴びたいなら13という数字を利用するのがよいです。この数字は「人気者」「ムードメーカー」という性格を持っています。32は「広げる」「縁を結ぶ」「チャンスを広げる」という性格があります。ただし、13時32分の投稿は、自分の意図しない広がり方をする可能性もあると肝に銘じておくとよいでしょう。13は芸人でいうとボケ役の数字。やりすぎるとただ目立ちたいだけの独りよがりになってしまうことがあるのです。発言の外面《そとづら》ばかりが広く伝わってしまい、本当に伝えたかったことが伝わらない可能性もありますので、時には13と32の使い分けをすることも必要かもしれません。ちなみに、私は17時01分にTwitterの投稿をする習慣をつけています。

これは、情報を発信するのに最適な数字だからです。

POINT!

バズるためには13と32を上手く使いこなすこと。ただし、悪目立ちのリスクがあることも意識して。

対人運　総合運

メッセージの未読は80通以上溜めると運気ダウン

80

連絡手段として、電話やメールよりも、LINEなどのSNSを主に使う人が増えています。便利な一方で、自分が直接関係しないグループのやりとりや企業からのお知らせを開かないでいると、つい未読のメッセージが溜まりすぎてしまうことがあります。**80**件以上溜めてしまうと運気が下がってしまいますので、注意してください。数意学では**80**が最後の数字になっています。それ以上溜まってしまうと、滞りの意味合いになってしまうのです。また、メッセージの数があふれてしまうと、返答が必要な連絡までそのなかに埋もれてしまう可能性もあります。そうしたトラブルを避けるためには定期的な整理が必要なのです。能動的に参加していないグループに入っているなら、思い切って退会してしまうのも手です。

その他編

健康運
勝負運

39

病院でもらった薬を飲む時間は○時39分を意識して

琉球風水では、病気は自己免疫で治すほうがよいとされています。細胞を活性化させて早くよくなるのがもっとも自然な治癒なのです。薬はあくまでも補助の役割です。とある有名な医師も、「いい医者は薬をあまり飲ませない。病気が完治するかは患者本人の身体によるところが大きい」と話していました。とはいえ、健康のために処方された薬はしっかり飲みましょう。

数意学的には、**39**分に飲む習慣をつけるとよいです。**39**は戦いに強い数字なのです。「勝負強さ」「成功」「理性的」「責任感」という性格があり、ウイルスや病との戦いに勝つという意味では、この数字を味方にするとよいといえます。薬の補助をうけて、自力で乗り切れる強さを与えてくれます。

POINT!

病気を治すためには、薬に頼りすぎないこと。免疫力を高める健康習慣も大切に。

その他編

ゴルフでいい成績を残したい日はボールやティーに11と書こう

11

ゴルフは野球やサッカーなどとは違い、地形を生かしたコースが組まれており、自然のなかで戦うスポーツです。自然を味方につけるなら**11**という数字を意識しましょう。

11は天の恵みを受けて大きな幸運をつかむ数字です。さらに、「素直」「回転が早い」という特徴もあります。流れをスムーズにする、処理能力が高まるという数字なので、まっすぐ飛ばしたいという気持ちを素直に反映したプレイができることでしょう。**11**と書いたボールやティーを使うと、コースから力を貸してもらうことができるでしょう。

その他編

総合運 勝負運

新しいことを始めるなら11時01分にスタートしよう

新しい趣味を始めたり、ヘアスタイルを変えてイメチェンしたいなど、いままでの自分とは違う自分に出会いたいと思っている方は11時01分をことの始めにするとよいでしょう。1はスタートダッシュを切れる数字です。この時間にヨガや筋トレを始めてみるというのもよいですし、ネイルサロンの予約の電話を入れるというのもよいでしょう。午前中に連絡を入れて、午後は活動に充てるという意味でも、動き出しにぴったりな時間帯だと思います。また、琉球風水としては、気分を一新したいときは、古い靴下を捨てる、靴を新しくするという手段があります。それができなければ、玄関を水拭きするというのもよいです。ちなみに2021年はスキルアップがテーマの1年になっています。この機会に学問、教養を身につける勉強を始めてみては？

その他編

Column

宝くじは十二支を意識して買うと当たりやすい!?

大安《たいあん》、一粒万倍日《いちりゅうまんばいび》など宝くじを買うのによいとされる日もありますが、私のおすすめは十二支を意識することです。十二支にはそれぞれ、特徴と相性があります。まずは左のページのように並べたときに、横1列になった3つの十二支をひとつのグループとします。子・辰・申のグループは健康運に強いチーム、丑・巳・酉は金運に強いチーム、寅・午・戌は人望に厚く、勝負事にも強い名声を得られるチーム、卯・未・亥は知恵や発明などに力を発揮する仕事運の強いチームです。

さて、丑・巳・酉はお金に強い「金三合《きんさんごう》」と呼ばれており、その年の「年男」「年女」の方は、この「金三合」の人たちにお金を預けて、宝くじを買って来てもらうと当たりやすくなります。さらに、丑・巳・酉の人たちは3人でお金を出し合って、勝負強い寅・午・戌の人たちに買ってきてもらうと効果は絶大に。難しい場合には、丑の日、巳の日、酉の日に宝くじを買うというだけでも効果はありますよ。

子《ね》　辰《たつ》　申《さる》

健康運に強い

丑《うし》　巳《み》　酉《とり》

金運に強い

寅《とら》　午《うま》　戌《いぬ》

勝負運に強い

卯《う》　未《ひつじ》　亥《い》

仕事運に強い

迷ったら吉数・凶数をチェック！

姓名判断は、名前の画数（総格、天格、地格など）から、運気を判断する統計学。そこに身近な数字をも取り込んで進化させたものが、私が用いている数意学です。「数字が人間の生活に影響力を持つなんて」と疑う方もいるかもしれませんが、目に見えないだけで私たちはふだんから数字に囲まれています。例えば、気温、湿度、風速、音の強さ、酸素量……など。これらは私たちの体調や生活に大きく影響をもたらすものです。だからこそ、数字の意味を理解し活用して、なりたい自分像に近づいていきましょう！　また、数字にはよいエネルギーを持つ「吉数」とあまりよくないエネルギーを持つ「凶数」があります。何かを決めるのに迷ったときは、なるべく凶数は外し、吉数から選ぶようにしてください。なかでも**15**、**24**、**31**、**32**、**52**は五大吉数と呼ばれ、とくに幸運を運んできてくれる数字です。左のページを写真に撮りスマホなどに保存しておけば、いつでも確認できて便利ですよ。

吉数

1 3 5 6 7 8 11 13 15 16
17 18 21 23 24 25 29 31
32 33 35 37 38 39 41 45
47 48 52 57 58 61 63 65
67 68 71 73 75 77 78

凶数

2 4 9 10 12 14 19 20 22
26 27 28 30 34 36 40 42
43 44 46 49 50 51 53 54
55 56 59 60 62 64 66 69
70 72 74 76 79 80

おわりに

今回、身の回りをパワースポットに変える方法を58個紹介しました。58という数字は、最終的にはすべてうまくいくという意味があり、「七転び八起き」「好転」の数字で、人間関係に恵まれ、困難にあっても負けない強い数字です。この本を最後まで読んでくれた方が、困難なことにぶつかったときに数字の力を味方につけて幸運をつかみ取ってくれることを願い、この数字を選びました。

読者の方のなかには、58個も紹介したことで、すべて取り入れないと幸せになれないのではないか？　と心配する方もいるかもしれません。実直に自宅での生活を再現すると、朝は7時01分の目覚ましで起き、深呼吸を8回し、7時11分には朝食を食べ……という具合になってしまいます。どうも忙しなく、窮屈な感じがしてしまいますよね。

最初に話をしましたが、琉球風水ではルールを優先するあまりに自分を縛り付けたり、流れを遮ったりすることはよいことではないとされています。ここに書いた58項目は、あくまでも生活を豊かにするためのヒントで、運気を上げるための補助になるものです。あなたが「簡単に取り入れられそうだな」と思うものから始めてみてください。

最初は小さな変化であっても、それぞれの歯車がかみ合い出すと、大きな変化につながります。その小さな一歩を踏み出す後押しをするのが、数意学、そして琉球風水の役割なのです。

運別インデックス

総合運

健康運

勝負運

仕事運

出世運

対人運

♥ 恋愛運

家庭運

★人気運

金運

安全運

勉強運

STAFF

構　成　山下悠介
ブックデザイン　市原シゲユキ（SUPER MIX）
イラスト　とみたかえり（SUPER MIX）
編　集　荒井風野（SUPER MIX）

企　画　伊波恒樹（パッチューネ）

プロデュース　成澤景子（SUPER MIX）

琉球《りゅうきゅう》風《ふう》水《すい》志《し》シウマが教《おし》える
身《み》の回《まわ》りをパワースポットに変《か》える「数《すう》字《じ》の魔《ま》法《ほう》」

2020年10月8日第1刷発行
2021年12月13日第10刷発行

著者 —— シウマ

発行者 —— 鈴木章一

発行所 —— 株式会社 講談社　KODANSHA
〒112-8001
東京都文京区音羽2-12-21
TEL　編集　03-5395-3400
販売　03-5395-4415
業務　03-5395-3615

印刷所 —— 大日本印刷株式会社
製本所 —— 大口製本印刷株式会社

ISBN978-4-06-521476-3